KLARTEXT

Gerhard Launer

FREIBURG

VON OBEN

Die schönsten Luftbilder der Region

GERHARD LAUNER,

Jahrgang 1949, wollte eigentlich Musiker werden. Doch aufgrund eines Unfalls musste er dieses Ziel aufgeben und wurde stattdessen Diplom-Grafikdesigner. Bereits während des Studiums erlangte er die Privatpilotenlizenz und später die Berufspilotenlizenz. Als Luftbildfotograf verbindet Gerhard Launer seine Interessen Fotografie und Fliegen. Mittlerweile hat er nahezu jede Stadt, jede Ortschaft und jede Sehenswürdigkeit in Deutschland fotografiert. Jedes seiner Bilder bietet neue Entdeckungen von oben, macht Landschaften zu Gemälden und zeigt ihre besonderen Strukturen und Charakteristika.

www.wfl-gmbh.de

Bibliografische Information der Deutschen Nationalbibliothek
Die Deutsche Nationalbibliothek verzeichnet diese Publikation in der Deutschen Nationalbibliografie; detaillierte bibliografische Daten sind im Internet über http://dnb.dnb.de abrufbar.

IMPRESSUM

1. Auflage September 2020
Satz und Gestaltung: Joachim Bartels
Umschlagfotos: Gerhard Launer
Umschlaggestaltung: Ina Zimmermann
Druck und Bindung: Griebsch & Rochol Druck GmbH, Gabelsbergerstraße 1, 59069 Hamm

ISBN 978-3-8375-2266-2

KLARTEXT

Jakob Funke Medien Beteiligungs GmbH & Co. KG
Jakob-Funke-Platz 1, 45127 Essen
info@klartext-verlag.de, www.klartext-verlag.de

INHALT

VORWORT

Gerhard Launers beeindruckende Luftaufnahmen nehmen den Betrachter mit auf eine spannende Reise durch Freiburg. Atemberaubende Ausblicke bieten völlig neue Perspektiven und laden dazu ein, die Stadt auf eine einzigartige Weise kennenzulernen.

Aus der Vogelperspektive präsentiert der sorgfältig komponierte Bildband Städtearchitekturen und Landschaftsformen in ihrer ganzen Vielseitigkeit und Schönheit. Ungeahnte Sichtweisen und nicht gekannte Blickwinkel, Panorama- und Momentaufnahmen vermitteln eine außergewöhnliche Weite, bisher nicht gekannte Details und ein Gefühl von Zeitlosigkeit.

Gerhard Launer gehört zu den renommiertesten Luftbildfotografen. Er verbindet seine Passion für das Fliegen mit seiner Leidenschaft für die Fotografie. Diese gilt den nur von oben sichtbaren Besonderheiten und Strukturen, die den Charakter einer Stadt und der sie umgebenden Landschaft besonders verdeutlichen. Launers künstlerische Fotos als Ausdruck seiner unverwechselbaren Bildsprache und seines ganz persönlichen Blicks ermöglichen einen Perspektivwechsel, der Lust darauf macht, die Stadt Freiburg auf jeder Seite neu zu erleben.

Achim Nöllenheidt

ANSICHTEN

Blick auf Freiburg mit dem Hochschwarzwald im Hintergrund |

Die Innenstadt mit dem
Freiburger Münster

Bild vorherige Doppelseite: der Feldberg, im Hintergrund die schneebedeckten Alpengipfel

Der Kaiserstuhl mit Blick Richtung Freiburg und Schwarzwald

Im Vordergrund das Rathaus im Stühlinger, links oben die Kita am Eschholzpark, rechts oben das Beratungszentrum Bauen und Energie

Der Rhein bei Jechtingen am Kaiserstuhl

Bild vorherige Doppelseite:
der Schluchsee im
Hochschwarzwald

Das Martinstor,
mittelalterlicher Torturm

Bürogebäude am
Freiburger Hauptbahnhof

Bild vorherige Doppelseite:
Freiburg von Ost nach West

Der Titisee, ein touristisches
Highlight im Schwarzwald

| Thure von Uexküll-Klinik im Glottertal, bekannt aus der TV-Serie „Die Schwarzwaldklinik“

Gewächshaus Botanischer Garten in Freiburg-Herdern

RÜCKGRAT
bohny

Hauptbahnhof Freiburg,
rechts liegt die City

Der Gartenschlauch, Kunst im Eschholzpark

Der Fluss Dreisam durchfließt Freiburg

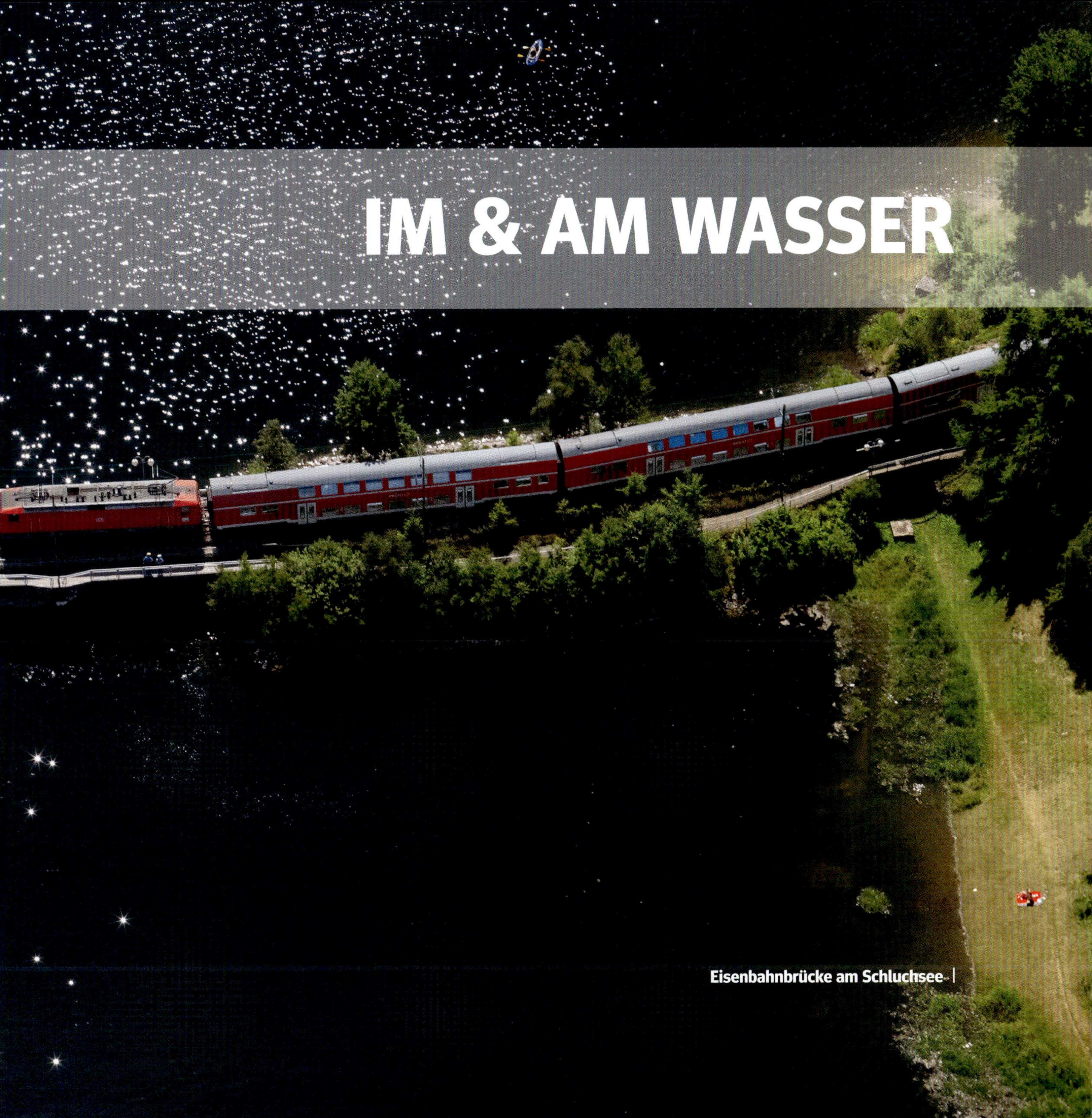

IM & AM WASSER

Eisenbahnbrücke am Schluchsee

Rechte Seite: Bootsfahrt auf dem Schluchsee

Schienen- und Autoverkehr auf der Schwabentorbrücke. Darunter fließt die Dreisam.

Dreisam in Freiburg bei Hugstetten. Rechts oben: Fußgängerbrücke über der Dreisam. Rechts unten: die Dreisam an der Dreieckswiese

| Badestrand Dietenbachsee

Opfinger See vor den Toren von Freiburg neben der A5 Richtung Basel

| Badeinsel (oben) und Biotop am Opfinger See (rechts)

Rau-Brunnen und Bächle auf dem Kartoffelmarkt (oben);
Wassertisch am Platz der Alten Synagoge (rechts)

Flückigersee in Freiburg-Betzenhausen

Bürgerhaus Seepark am Flückigersee (links);
Moosweiher in Landwasser

STADTLEBEN

Innenstadt mit historischem Münster

Universitätsbibliothek (oben);
Theater Freiburg

THEATER FREIBURG

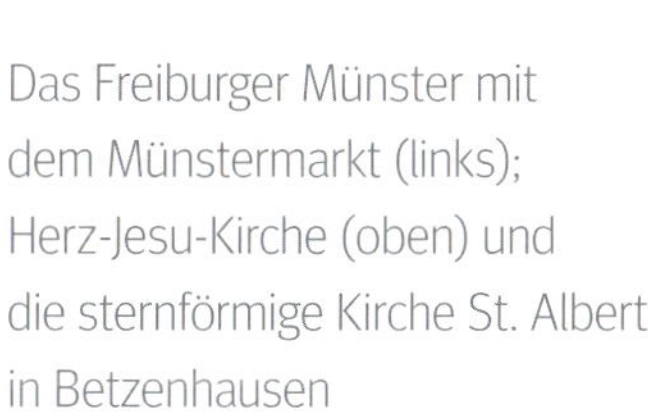

Das Freiburger Münster mit dem Münstermarkt (links); Herz-Jesu-Kirche (oben) und die sternförmige Kirche St. Albert in Betzenhausen

Über Freiburgs City: der Schlossbergturm (oben);
historische Pforte in die Altstadt: das Schwabentor

Fahrradverleih der Radstation (oben); Universitätsklinikum mit Hubschrauberlandeplatz (unten); PSD-Bank (rechts)

Der Fischbrunnen auf dem Münsterplatz (oben);
Bertoldsbrunnen, zentraler Verkehrsknotenpunkt in der Innenstadt

30%
auf Badem
GLATT
Schwarzwaldmilch
erfrischend echt

Die große Gaskugel im
Stadtteil Betzenhausen

Wasserspiele am Platz
der Alten Synagoge

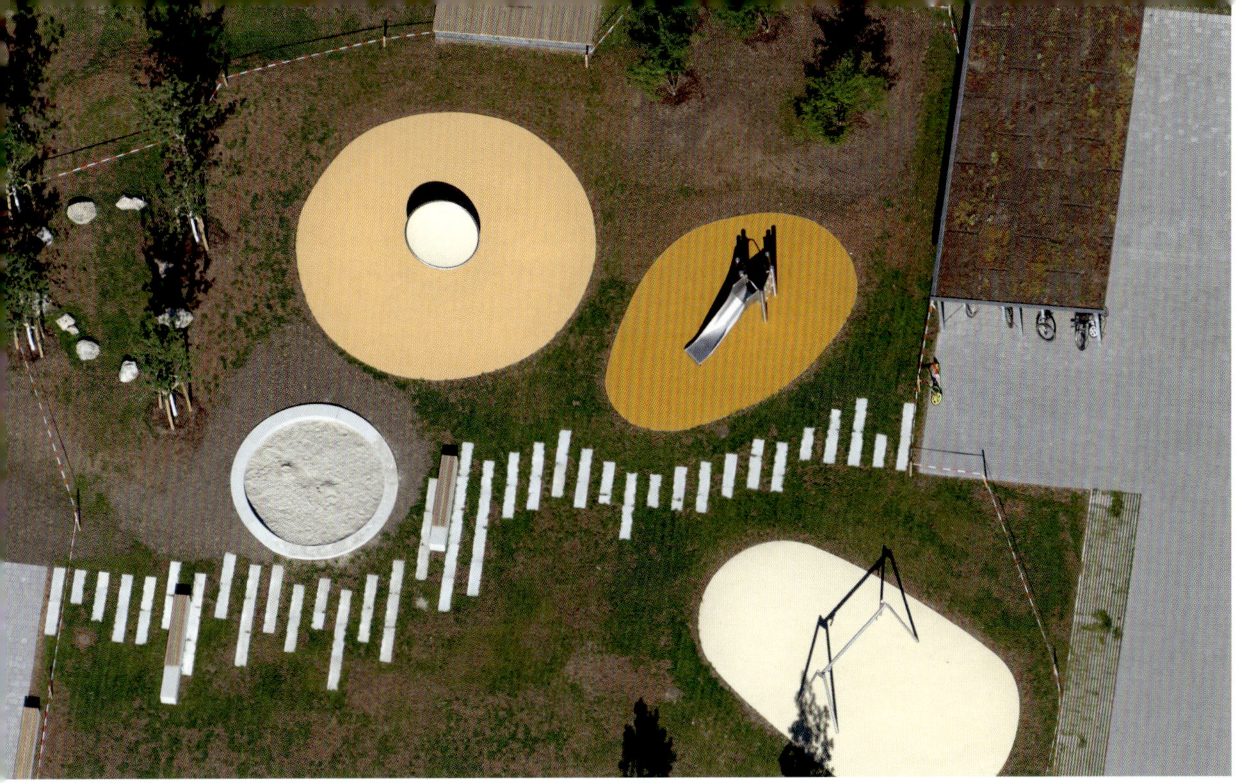

Neuer Spielplatz
in Weingarten

Moderner Skatepark
im Dietenbachpark

Archäologisches
Museum
Colombischlössle

Bilder rechte Seite:
Friedrich-Gymnasium (oben);
Herz-Jesu-Kloster Freiburg

StayInn-Hotel (links); Neubau des Stadions des SC Freiburg (Stand 30. Juni 2020); Gleiszugangsbrücken am Hauptbahnhof (unten)

Außengastronomie am Augustinerplatz (oben);
moderne Dachkonstruktion der Fakultät für Umwelt und Natürliche Ressourcen an der Universität

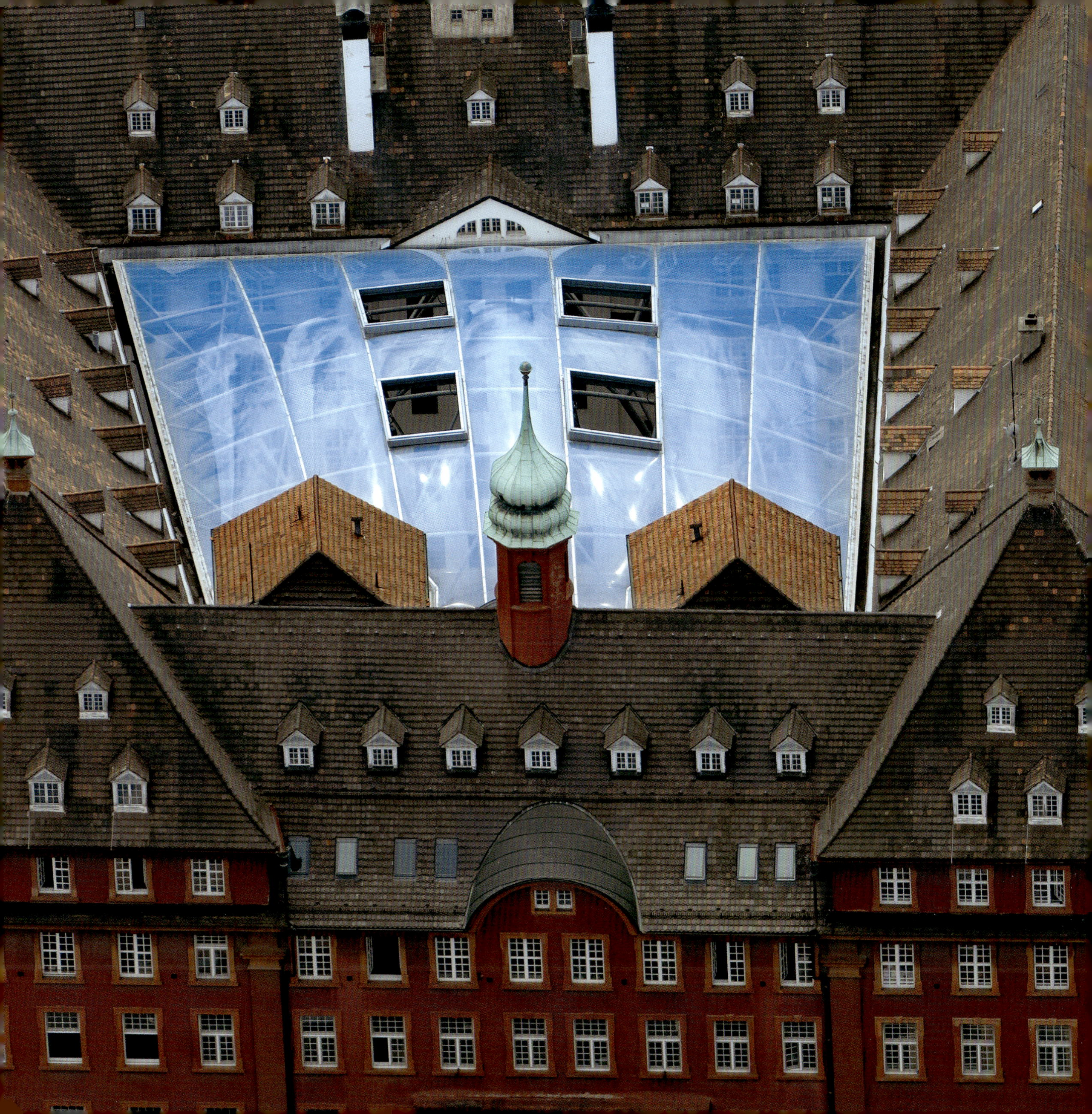

OMEGA

Vorherige Doppelseite: Straßentunnel mit der B31

Universitätskirche (oben);
Kirche St. Georg mit Friedhof

Imtek-Departement
of Microsystems
in Mooswald

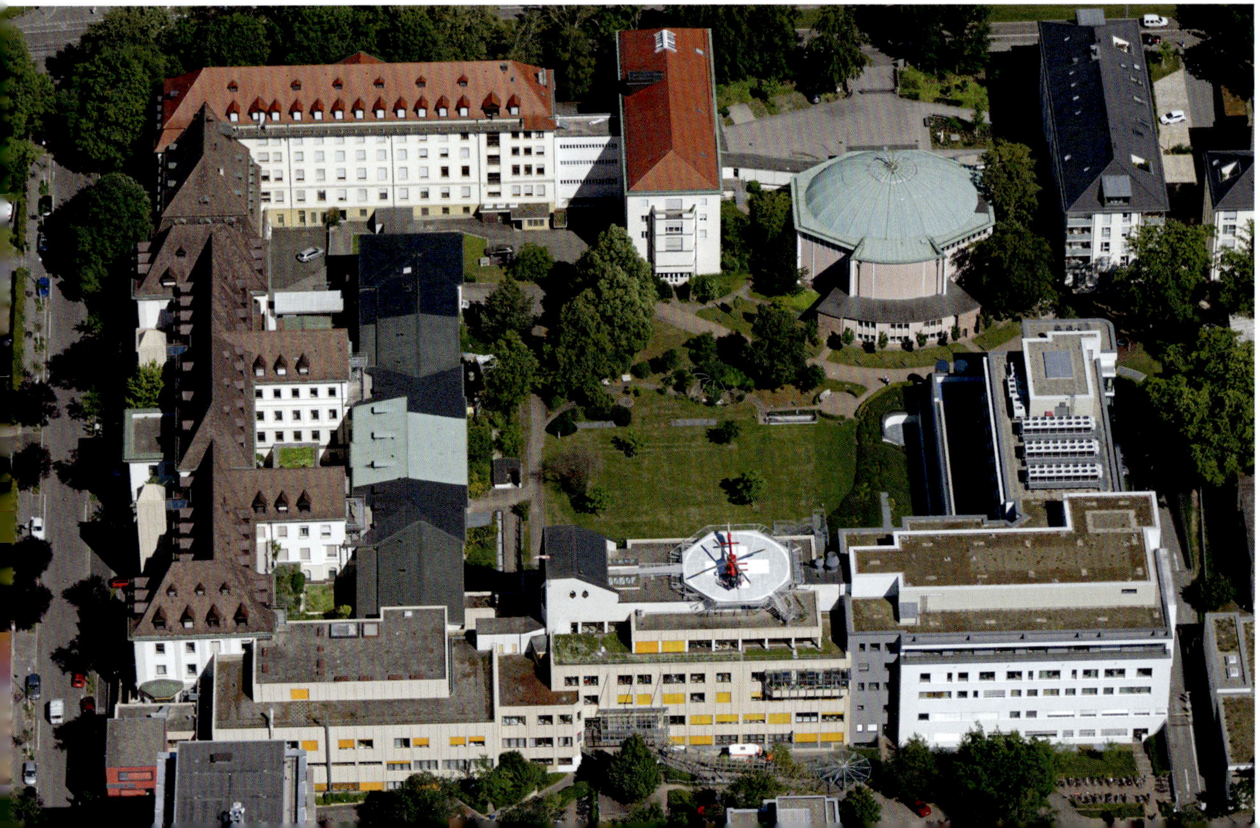

Unfallkrankenhaus
St. Josef in Mitte

Hochschule für Musik
in Oberau

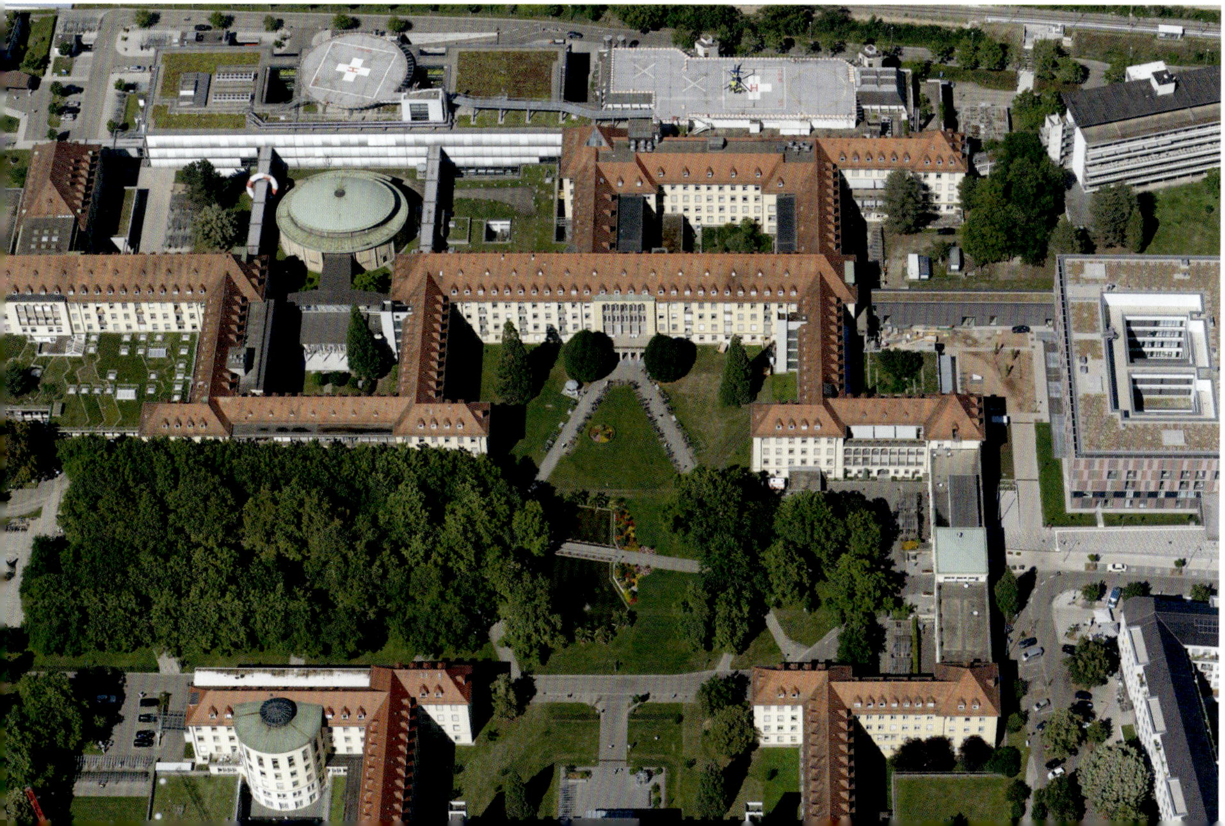

Universitätsklinikum
im Stühlinger

Gartenverein „Innere Elben" St. Georgen (oben);
Boardinghouse Freiburg

TRE
TWEE

Robert Bosch College (links);
Neubaugebiet Nord in Freiburg

DHL
dm
dm

Wohnanlage an der Merzhauser Straße

Bilder rechte Seite: historische Häuser am Colombipark (oben); Wohnhäuser in Freiburg-Unterwiehre

Botanischer Garten I

Schlossbergrestaurant mit der Station der Schlossberg-Bahn (oben);
Weinberg am Burghaldenring

Das Schwarzwaldstadion, die Spielstätte des SC Freiburg

Stadthalle Freiburg |

Straßenbahnhaltestelle Europaplatz (oben);
Schwabentorbrücke über der Dreisam

mobilo

16

Flughafen Freiburg
mit dem Neubau
des Fußballstadions

Schulzentrum an der Bissierstraße (links); Amt für Migration und Integration

| Café Extrablatt

| Green City Hotel, Vauban

Wohnsiedlung in Wiehre;
Seniorenresidenz
Augustinum (links)

Bundesfachschaft Katholische Theologie (links);
Justizvollzugsanstalt Freiburg

Weinberg an der Ludwigshöhe (links);
Tram Turm, Rieselfeld (oben);
Wohnhaus an der Eichhalde, Herder

FORMEN & FARBEN

Weinbau-Terrassen am Kaiserstuhl |

Schulzentrum an der Bissierstraße (links);
Wohnanlage an der Merzhauser Straße

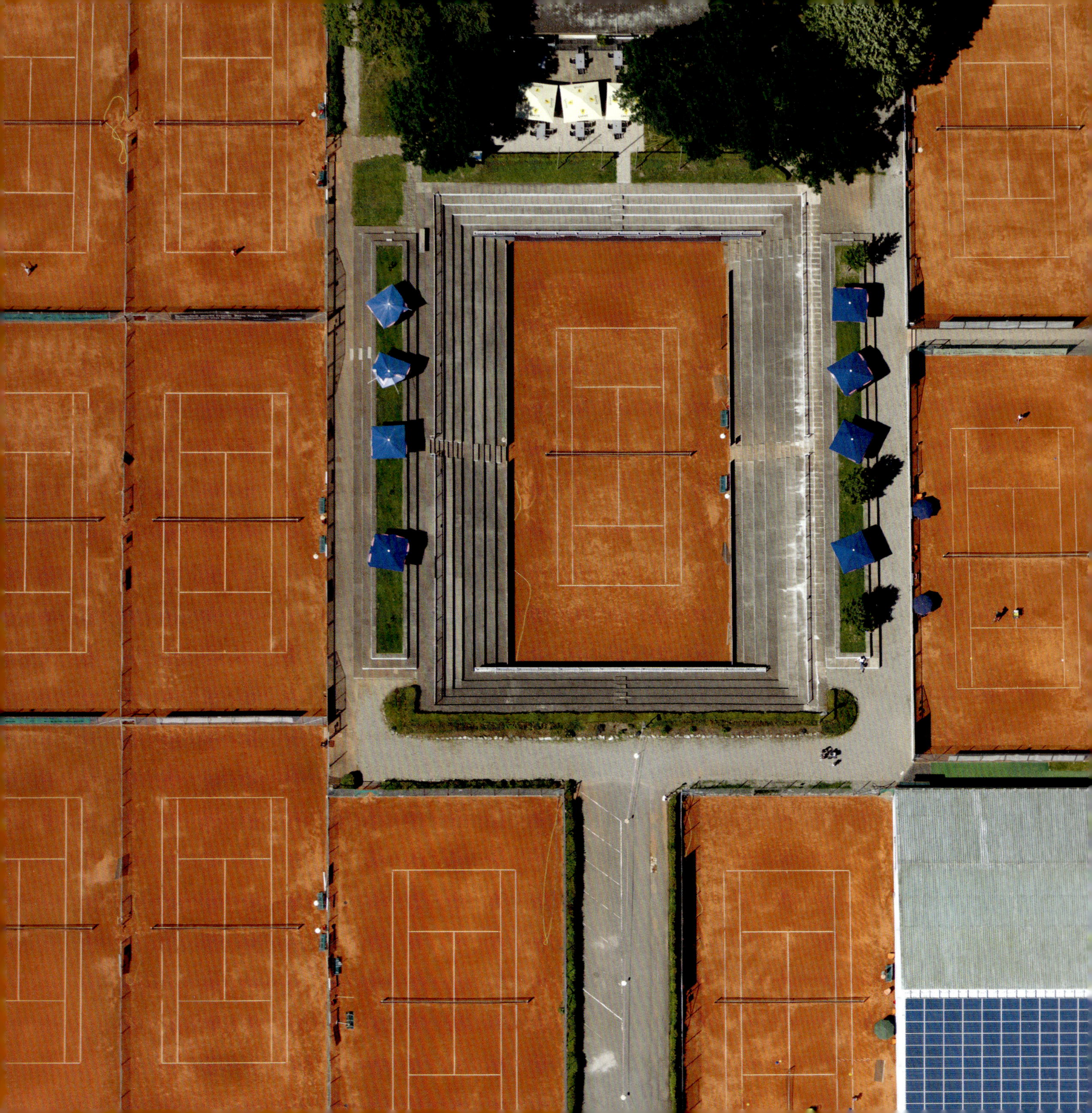

Freiburger Tennisclub (links);
Maisfeld-Labyrinth bei Opfingen

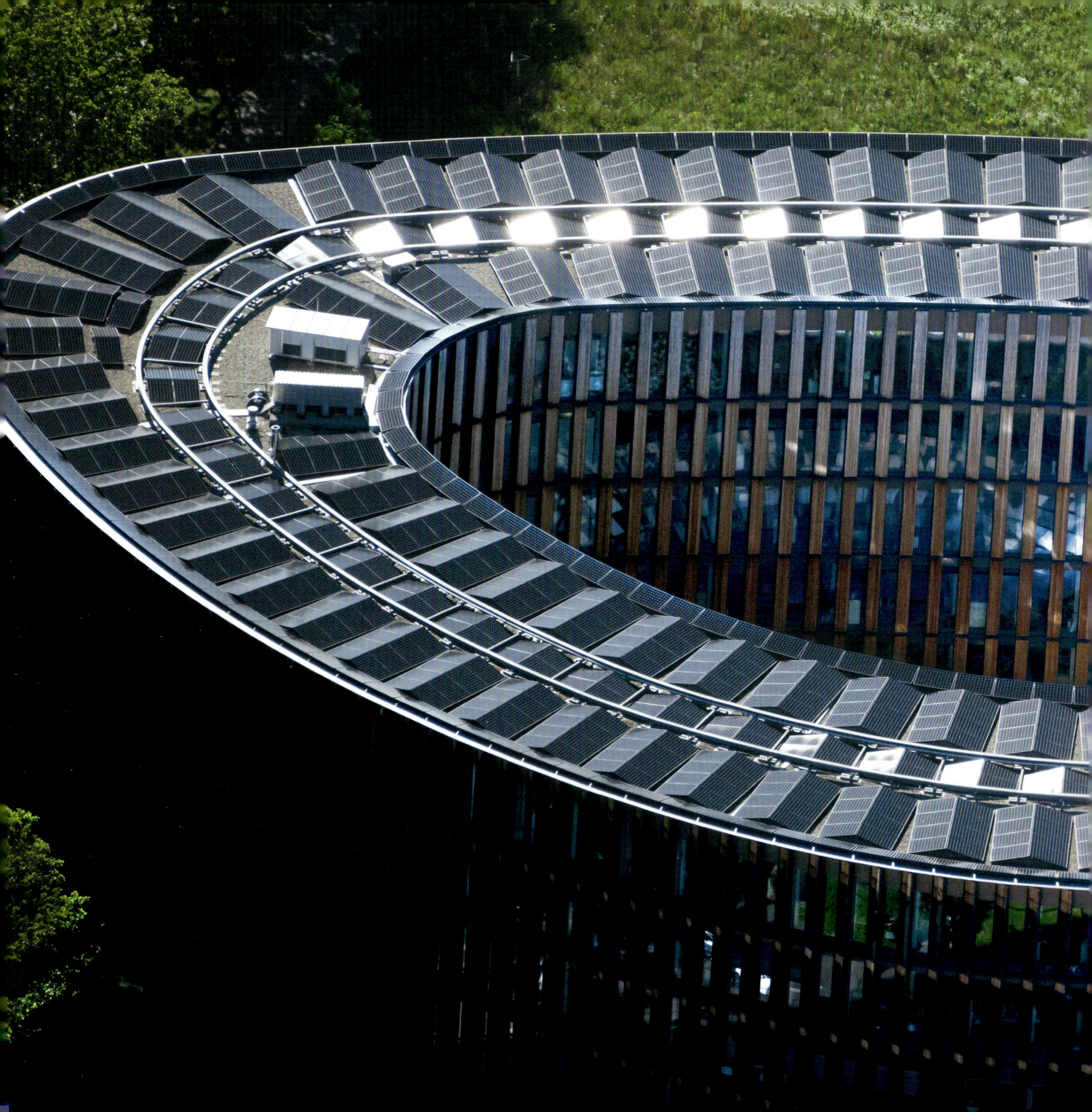

Vorherige Doppelseite: Rathaus im Stühlinger

Innenbereich des Rathauses im Stühlinger (oben);
Dachaufbauten der Universitätsbibliothek

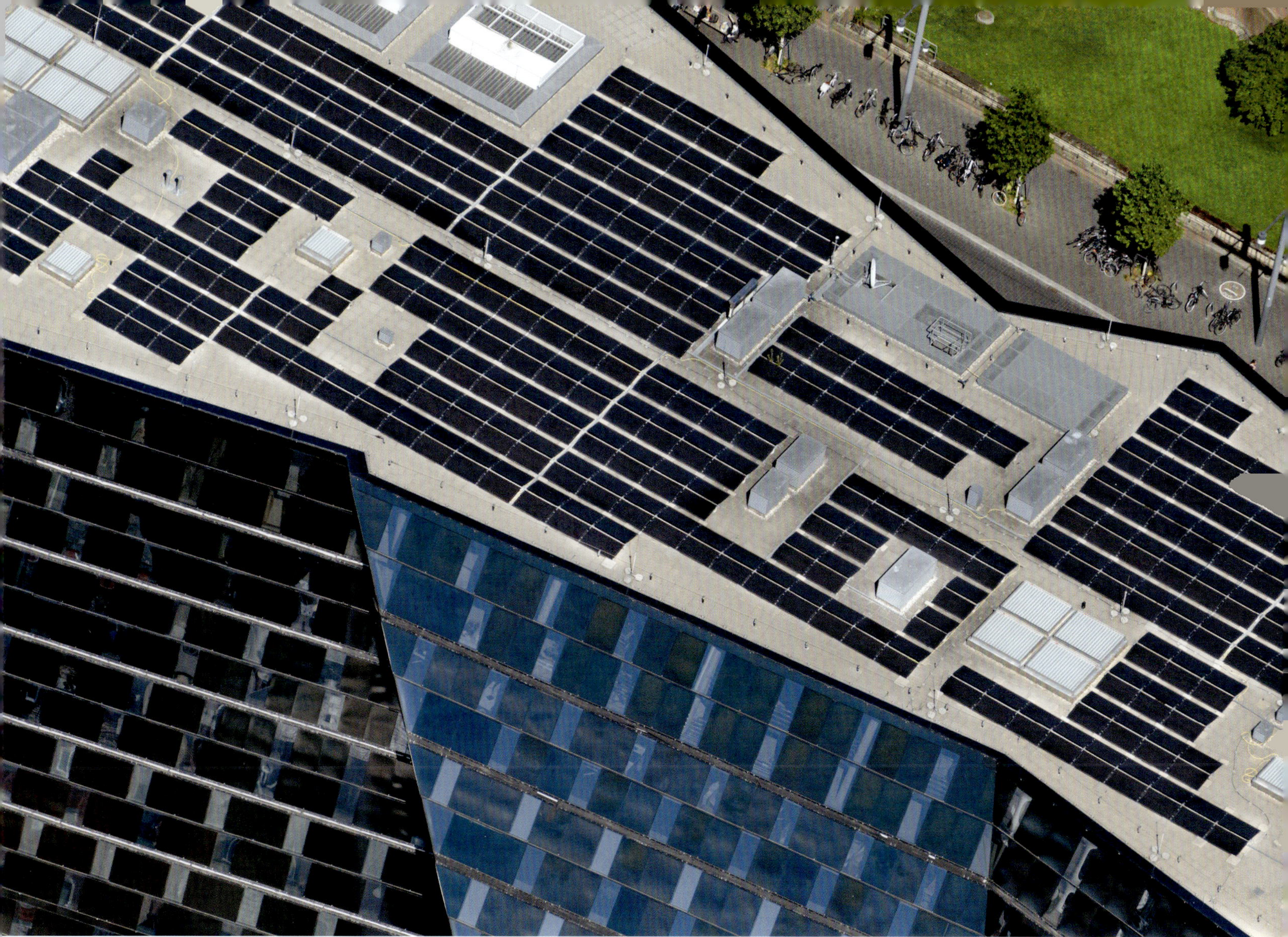

| Eschholzpark

Weinberg zwischen Hebsackstraße und Jägerhäusleweg |

| Autobahnkreuz der A5, AS Freiburg-Mitte

Gipfel des Feldbergs mit Wetterstation (links), Wetterradaranlage im Friedrich-Luise-Turm (Mitte) und neuem Fernsehturm

Sportanlage PTSV Jahn (links);
Volleyballfelder Freiburger Turnerschaft

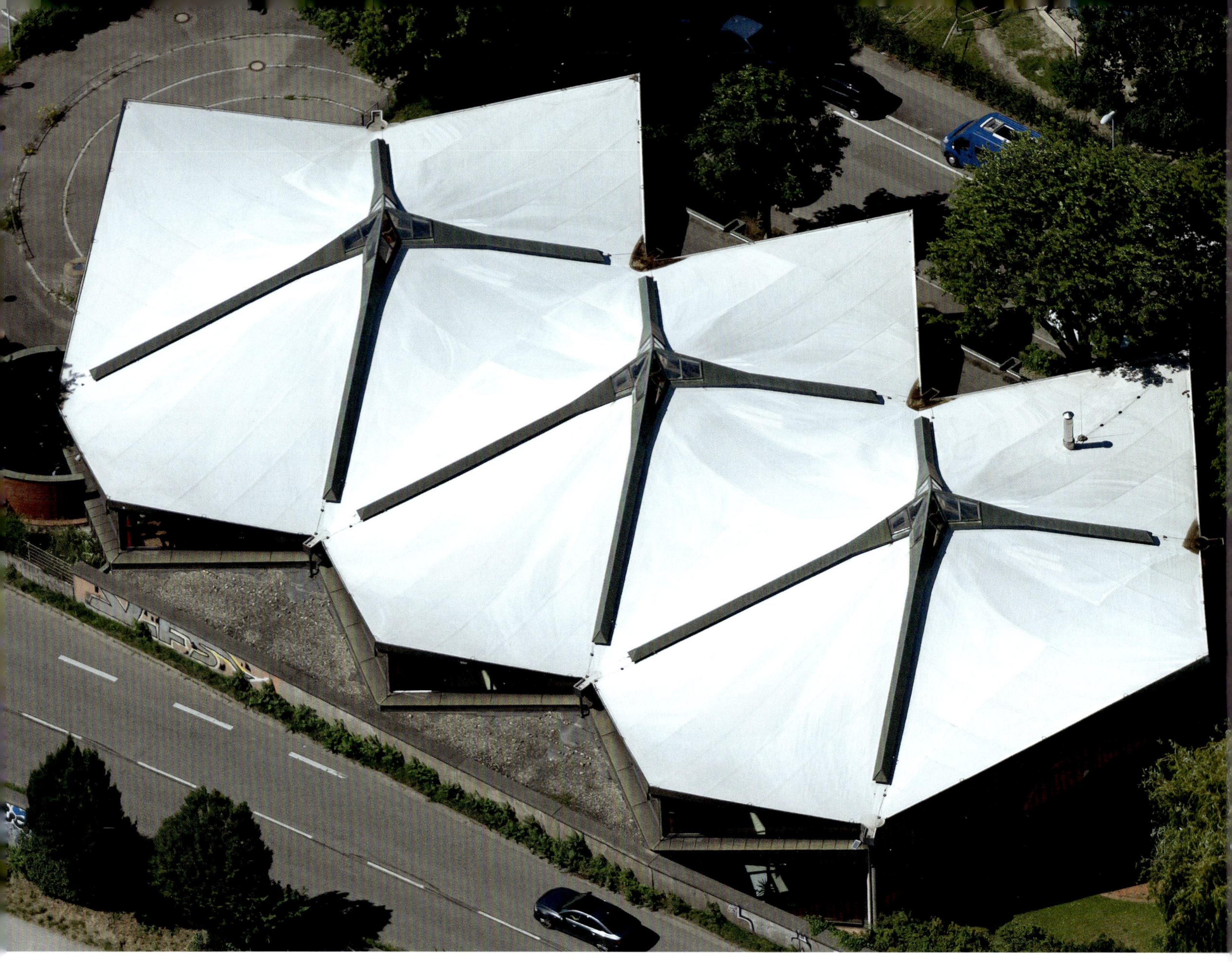

| Faulerbad in Freiburg